AF265667

FÊTES

DE

SAINT JEAN-BAPTISTE

A

ENTREVAUX ET AU DÉSERT

DIGNE

IMPRIMERIE-LIBRAIRIE VIAL

—

1864

FÊTES

DE

SAINT JEAN-BAPTISTE

A

ENTREVAUX ET AU DÉSERT

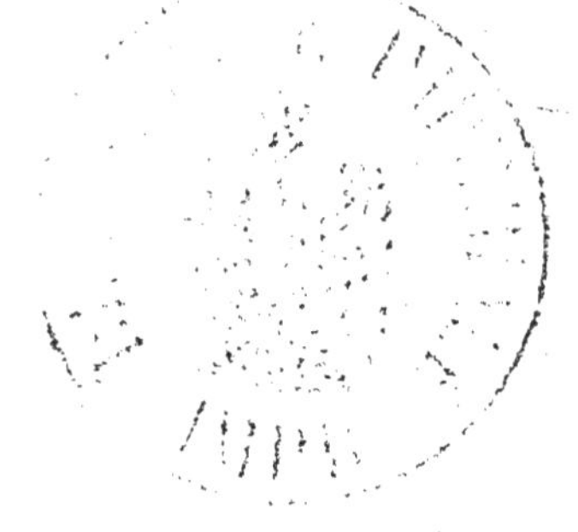

Multi in Nativitate ejus gaudebunt.
St. Luc, I, 14.

Par un Bref du 26 mai 1810, visé et reconnu authentique par Monseigneur l'évêque de Digne, notre Saint Père le Pape, Pie VII, accorde, à perpétuité, à tous les fidèles de l'un et de l'autre sexe, qui, véritablement contrits, confessés et communiés, visiteront l'ancienne cathédrale de Glandèves, actuellement église paroissiale de la ville d'Entrevaux, ou la chapelle du désert, les jours de la Nativité de Saint Jean-Baptiste, ou de la Décollation, à commencer aux premières Vêpres de la veille desdits jours, jusqu'au lende-

1864

main, au coucher du soleil, et y prieront dévotement à l'intention du Saint Père, une indulgence plénière et rémission de tous leurs péchés, applicable, par manière de suffrage, aux âmes du Purgatoire.

Pour faciliter, aux nombreux fidèles qui viennent aux Fêtes de Saint Jean, le moyen de participer à la précieuse faveur accordée par le Souverain Pontife, Monseigneur l'Évêque de Digne autorise le Curé d'Entrevaux à s'adjoindre, pour entendre les confessions, un nombre suffisant de prêtres approuvés dans le diocèse, et ces prêtres, ainsi que les vicaires de la paroisse, ont, par là-même, le pouvoir d'absoudre de tous les cas réservés.

Outre l'indulgence plénière que les âmes pieuses peuvent gagner, l'expérience prouve que bien des personnes rapportent de ce saint pélerinage, avec la paix de la conscience, des grâces extraordinaires qui ont la plus heureuse influence sur le reste de leur vie.

Aussi le concours, la dévotion, la confiance des fidèles vont-ils toujours croissant, et la fête acquiert-elle, tous les ans, une plus grande solennité. Ce sont tantôt un père, une mère qui viennent offrir à Saint Jean un enfant chéri, ou ui demander sa guérison, ou le remercier de avoir conservé à leur amour; tantôt de jeunes époux qui s'empressent de venir se mettre sous sa puissante protection; tantôt enfin des âmes douloureusement éprouvées par les vicissitu-

des de la vie, ou en proie à des peines inté-
rieures plus poignantes encore, amenées par la
douce espérance, par l'intime conviction qu'elles
trouveront là la force, le soulagement et la con-
solation dont elles ont besoin. Combien d'exem-
ples de malades guéris, d'infirmes soulagés,
d'affligés secourus, consolés ne pourrions-nous
pas citer, qui attestent de la manière la plus
touchante et la plus authentique, la puissante
protection de Saint Jean-Baptiste auprès de Dieu,
et avec quel amour il se plaît à la faire éclater
sur ceux qui viennent l'invoquer.

Tous ces pèlerins, accourus souvent des con-
trées les plus éloignées, reçoivent de la popu-
lation et du clergé le meilleur accueil, et s'en
retournent chez eux raffermis, consolés, pleins
de reconnaissance et d'admiration pour ce qu'ils
ont vu et ressenti dans ces jours de bénédiction
et de bonheur.

Dès le 22 du mois de juin, Saint Jean-Baptiste
est exposé, en avant du superbe autel qui lui
est dédié, sur un trône que le zèle trouve le
moyen de décorer chaque année, avec autant
de variété que de bon goût.

Le même jour, à huit heures du soir, la Fête
est inaugurée à la paroisse, par le chant des
Litanies du saint, et un salut solennel, au milieu
d'un sanctuaire tout resplendissant d'or et de
lumière

Le lendemain, des prêtres qui se remplacent
sans cesse à l'autel, depuis l'aurore jusqu'à midi ;

la relique du glorieux Précurseur, que huit hommes robustes peuvent à grand'peine garantir de l'irruption des fidèles trop empressés; les confessionnaux constamment assiégés; la table sainte où se succèdent les heureux conviés au festin des Anges; une foule de personnes de tout âge, de tout sexe, de toute condition, qui demandent les évangiles, avec une piété ravissante; tel est le spectacle que présente la belle église d'Entrevaux, le 25 juin, jusqu'à une heure après midi.

A cette heure Saint Jean-Baptiste part pour le désert. Il faut avoir été témoin du mouvement extraordinaire qui règne alors dans la ville; de la joie qui est peinte sur tous les visages; du zèle que les autorites et tous les habitants montrent pour honorer le glorieux Patron; de ce qu'a d'imposant le son des tambours et autres instruments, mêlé à celui des belles cloches qui ornent encore la majestueuse tour de l'ancienne cathédrale; de l'avidité avec laquelle, aux différentes stations que fait le Saint, chacun, sans distinction de rang, se pousse pour baiser la précieuse relique; il faut avoir vu cet empressement, cet enthousiasme, pour se faire une idée de la vive confiance qu'inspire à chacun notre glorieux et bien-aimé Patron.

Le Saint est ordinairement porté, depuis la Chapelle située hors des murs de la ville jusqu'à l'Oratoire de Saint-Jeannet, par des étrangers qui se disputent cette faveur, et achètent presque toujours la préférence par une riche offrande, bien qu'il s'agisse d'un poids assez lourd, et d'un trajet long et pénible.

Parti, en effet, de la Cathédrale à une heure après midi, sous un riche dais, qui perpétue le souvenir d'une protection spéciale, Saint-Jean-Baptiste n'arrive au désert qu'à huit heures du soir; là, pendant toute la nuit et jusqu'au lendemain après midi, se renouvelle le spectacle qu'on avait admiré la veille dans la Cathédrale de la ville; là, sont des usages, des cérémonies, qui, étudiés de près, appréciés convenablement, rappellent la foi touchante et naïve de nos aïeux, et vérifient merveilleusement l'oracle qui date de deux mille ans : *Plusieurs se réjouiront le jour de sa Naissance.*

A la ville, on a admiré une église qui se distingue par sa régularité, l'élégance de ses formes et la richesse de ses ornements : au désert on contemple un autre édifice dont l'origine se perd dans la nuit des temps, et dont l'existence est un prodige, quand on considère combien il a fallu de patience et de courage pour le bâtir dans ce véritable désert.

Grâce au zèle éclairé de l'administration locale et à la générosité des fidèles, l'église du désert vient de sortir en quelque sorte de ses ruines, et d'acquérir un degré de solidité et d'élégance qui promet aux générations futures le moyen de fêter Saint Jean-Baptiste, comme nous le fêtons, comme l'ont fêté nos ancêtres.

Le 24 juin, vers les huit heures du soir, Saint

Jean-Baptiste rentre en ville et à l'église, dans le même ordre et avec les mêmes cérémonies qui avaient accompagné sa sortie, et la fête finit comme elle avait commencé, par le chant des Litanies du Saint, et par un salut solennel où l'on voit le Sauveur exposé sur un trône tout resplendissant de lumière, au milieu du plus beau, du plus riche sanctuaire qu'il y ait dans le diocèse et dans le midi de la France.

La fête de la Décollation a acquis une importance extraordinaire, et présente un grand sujet d'édification, qui est, on peut le dire, sans mélange, depuis l'époque où, par la protection du Saint, Entrevaux fut délivré d'un fléau terrible, le choléra. Dès le 28 août au soir, la vaste église du désert se remplit de fidèles qui viennent uniquement pour se confesser, communier, prier et gagner l'indulgence. Tous les prêtres du voisinage, entourés de la plus précieuse portion de leur troupeau, s'unissent à nous pour glorifier Dieu, payer à notre glorieux Patron un juste tribut de louanges et de reconnaissance, et partager les grâces et les faveurs qui nous viennent de sa puissante protection.

Vu, approuvé et permis d'imprimer.
Digne, le 1er juin 1864.
† Marie-Julien, Évêque de Digne.

LITANIES

DE

SAINT JEAN-BAPTISTE

PATRON D'ENTREVAUX

Kyrie, eleison, Christe, eleison.

Christe, audi nos, Christe, exaudi nos.

Pater de Cœlis Deus, miserere nobis.

Fili, Redemptor mundi Deus, miserere nobis.

Spiritus Sancte Deus, miserere nobis.

Sancta Trinitas unus Deus, miserere nobis.

Sancta Maria, ora pro nobis.

Sancte Joannes Baptista, a Deo misse, ora pro nobis.

Sancte Joannes Baptista, a Patriarchis desiderate, ora pro nobis.

Sancte Joannes Baptista, a Prophetis promisse, ora pro nobis.

Sancte Joannes Baptista, ab Angelo nuntiate, ora pro nobis.

Sancte Joannes Baptista, a Patre muto nominate, ora pro nobis.

Sancte Joannes Baptista, in utero matris sanctificate, ora pro nobis.

Sancte Joannes Baptista, a Maria visitate, ora pro nobis.

Sancte Joannes Baptista, vox Verbi incarnati, ora pro nobis.

Sancte Joannes Baptista, Prœcursor Christi, ora pro nobis.

Sancte Joannes Baptista, Præco Evangelii, ora pro nobis.

Sancte Joannes Baptista, Amicus Sponsi, ora pro nobis.

Sancte Joannes Baptista, Aurora Solis nostri, ora pro nobis.

Sancte Joannes Baptista, Lucerna lucens et ardens, ora pro nobis.

Sancte Joannes Baptista, Nuncius veritatis, ora pro nobis.

Sancte Joannes Baptista, Vox Clamantis in deserto, ora pro nobis.

Sancte Joannes Baptista, Prœparator viarum Domini, ora pro nobis.

Sancte Joannes Baptista, a Judeis Messias existimate, ora pro nobis.

Sancte Joannes Baptista, Angelus a Prophetis nominate, ora pro nobis.

Sancte Joannes Baptista, Propheta Altissimi, ora pro nobis.

Sancte Joannes Baptista, Prœdicans baptismum pœnitentiæ, ora pro nobis.

Sancte Joannes Baptista, magnus coram Domino, ora pro nobis.

Sancte Joannes Baptista, vinum et siceram non
bibens, ora pro nobis.

Sancte Joannes Baptista, Legis et Gratiæ fibula,
ora pro nobis.

Sancte Joannes Baptista, Aula Spiritûs Sancti,
ora pro nobis.

Sancte Joannes Baptista, Sagitta electa, ora pro
nobis.

Sancte Joannes Baptista, Portentum mundi, ora
pro nobis.

Sancte Joannes Baptista, Doctor Apostolorum,
ora pro nobis.

Sancte Joannes Baptista, Magister Martyrum, ora
pro nobis.

Sancte Joannes Baptista, Proto-Confessor Christi,
ora pro nobis.

Sancte Joannes Baptista, Pater Monachorum, ora
pro nobis.

Sancte Joannes Baptista, Patriarcha Eremitarum,
ora pro nobis.

Sancte Joannes Baptista, Forma Virginum, ora
pro nobis.

Sancte Joannes Baptista, nobilis parentibus,
miraculis, moribus, munere, passione, ora
pro nobis.

Sancte Joannes Baptista, INTERVALLENSIUM Pa-
trone, ora pro nobis.

Agnus Dei, qui tollis peccata mundi, parce nobis,
Domine.

Agnus Dei, qui tollis peccata mundi, exaudi nos,
Domine.

Agnus Dei, qui tollis peccata mundi, miserere nobis.

℣. Inter natos mulierum non surrexit major.

℞. Joanne Baptistâ.

OREMUS.

Deus, qui præsentem diem honorabilem nobis in Beati Joannis Nativitate fecisti, da populis tuis spiritualium gratiam gaudiorum, et omnium Fidelium mentes dirige in viam salutis æternæ; per Dominum nostrum Jesum Christum, Filium tuum, qui tecum vivit et regnat, in unitate Spiritûs Sancti Deus, per omnia sæcula sæculorum. Amen.

POUR LE JOUR DE LA DÉCOLLATION.

℣. Gloriâ et honore coronasti eum, Domine.

℞. Et constituisti eum, super opera manuum tuarum.

OREMUS.

Sancti Joannis Baptistæ, Præcursoris et Martyris tui, quæsumus, Domine, veneranda festivitas salutaris auxilii nobis præstet effectum. Qui vivis, etc.

LES MÊMES, EN FRANÇAIS.

Seigneur, ayez pitié de nous, etc.

Saint Jean-Baptiste, envoyé de Dieu, priez pour nous.

Saint Jean-Baptiste, objet des désirs des Patriarches, priez pour nous.

Saint Jean-Baptiste, promis par les Prophètes, priez pour nous.

Saint Jean-Baptiste, annoncé par l'Ange, priez pour nous.

Saint Jean-Baptiste, qui avez reçu votre NOM de votre père muet, priez pour nous.

Saint Jean-Baptiste, qui avez été sanctifié dans le sein de votre mère, priez pour nous.

Saint Jean-Baptiste, qui avez été visité par Marie, priez pour nous.

Saint Jean-Baptiste, qui êtes la Voix du Verbe fait Chair, priez pour nous

Saint Jean-Baptiste, qui êtes le Précurseur de JÉSUS-CHRIST, priez pour nous.

Saint Jean-Baptiste, qui êtes le Héraut de l'Évangile, priez pour nous.

Saint Jean-Baptiste, qui êtes l'ami de l'époux,
priez pour nous.

Saint Jean-Baptiste, qui êtes l'Aurore de notre
Soleil, priez pour nous.

Saint Jean-Baptiste, qui êtes une lumière brillante
et ardente, priez pour nous.

Saint Jean-Baptiste, qui êtes la Voix de celui qui
crie dans le désert, priez pour nous.

Saint Jean-Baptiste, qui avez préparé les voies du
Seigneur, priez pour nous.

Saint Jean-Baptiste, que les Juifs prenaient pour
le Messie, priez pour nous.

Saint Jean-Baptiste, que les Prophètes ont appelé
ANGE, priez pour nous.

Saint Jean-Baptiste, qui êtes le Prophète du Très-
Haut, priez pour nous.

Saint Jean-Baptiste, qui avez prêché le Baptême
de la pénitence, priez pour nous.

Saint Jean-Baptiste, qui êtes grand devant le Seigneur, priez pour nous.

Saint Jean-Baptiste, qui n'avez bu ni vin ni rien
de ce qui peut enivrer, priez pour nous.

Saint Jean-Baptiste, qui êtes le lien qui unit la
Foi à la Grâce, priez pour nous.

Saint Jean-Baptiste, qui êtes le Sanctuaire du
Saint-Esprit, priez pour nous.

Saint Jean-Baptiste, qui êtes la flèche choisie,
priez pour nous.

Saint Jean-Baptiste, qui êtes le prodige du monde,
priez pour nous.

Saint Jean-Baptiste, qui êtes le Docteur des
Apôtres, priez pour nous.

Saint Jean-Baptiste, qui êtes le Maître des Martyrs, priez pour nous.

Saint Jean-Baptiste, qui êtes le premier des Confesseurs de J.-C., priez pour nous.

Saint Jean-Baptiste, qui êtes le Père des Moines, priez pour nous.

Saint Jean-Baptiste, qui êtes le Patriarche des Solitaires, priez pour nous.

Saint Jean-Baptiste, qui êtes le modèle des Vierges, priez pour nous.

Saint Jean-Baptiste, qui êtes illustré par votre race, vos miracles, votre vie, votre ministère et votre passion, priez pour nous.

Saint Jean-Baptiste, qui êtes le Patron des habitants d'Entrevaux, priez pour nous.

Agneau de Dieu, etc.

℣. Entre tous ceux qui sont nés des femmes, il n'y en a point de plus grand;

℟. Que JEAN-BAPTISTE. (MATH. XI, 11.).

ORAISON.

Dieu, qui avez rendu ce jour solennel par la naissance de Saint JEAN-BAPTISTE, donnez à votre Peuple la grâce de la joie spirituelle, et dirigez le cœur de tous les Fidèles dans la voie du salut éternel; par JÉSUS-CHRIST, Notre Seigneur, votre Fils qui, étant Dieu, vit et règne avec vous en l'unité du Saint-Esprit, dans tous les siècles des siècles. Ainsi soit-il.

AUTRE POUR LE JOUR DE LA DÉCOLLATION.

Que la vénérable fête de Saint JEAN-BAPTISTE, notre Précurseur et notre Martyr, nous attire de votre part, nous vous en supplions, Seigneur, un abondant et salutaire secours. Vous qui.....

BÉNÉDICTION

DE LA

FONTAINE DE SAINT-JEAN

On s'y rend processionnellement, au chant de l'Hymne :

Veni Creator; etc.

℣. Emitte, etc. ℟. Et renovabis, etc.

OREMUS

Deus, qui corda fidelium, etc.

℣. Sit nomen Domini benedictum.

℟. Ex hoc nunc, et usque in sæculum.

℣. Ostende nobis, Domine, misericordiam tuam.

℟. Et salutare, etc.

℣. Domine exaudi, etc. ℟. Et clamor, etc.

℣. Dominus vobiscum. ℟. Et cum spiritu tuo.

OREMUS

Domine Jesu-Christe, Fili Dei Vivi, qui ex quinque panibus hordeaceis et duobus piscibus, quinque millia hominum satiasti, et in Cana Galileæ vinum ex aquâ fecisti, per intercessionem Beati Joannis Baptistæ, præcursoris tui, tu qui es fons vitæ indeficiens, multiplica super nos servos tuos et ancillas tuas, misericordiam tuam, et benedicere atque sanctificáre † dignare hunc fontem, ut et omnes qui ex eo biberint seu lavaverint, meritis et intercessione ejusdem gloriosissimi præcursoris et plusquam prophetæ tui : ab omni morbo et infirmitate penitùs liberentur, atque sanos et incolumes ad propria cum laudis et honoris tropheo recedere, ejusdemque sanctissimi Joannis Baptistæ diem et festum cum gaudio, et tuæ Celsitudinis gloriâ celebrare concedere, dignare qui vivis et regnas, Deus. Per omnia sæcula, etc...

℣. Benedictio Dei omnipotentis, Patris, † et Filii, † et Spiritûs Sancti, † descendat super hunc fontem, et maneat semper.

En rétournant à l'Église, on chante l'Hymne d'action de grâces :

Te Deum laudamus : te Dominum confitemur,
Te, æternum Patrem, omnis terra veneratur,
Tibi, omnes Angeli : tibi, Cœli et universæ Potestates,
Tibi Cherubim et Seraphim, incessabili voce proclamant :
Sanctus, Sanctus, Sanctus, Dominus Deus Sabaoth.

Pleni sunt cœli et terra majestatis gloriæ tuæ.

Te gloriosus Apostolorum chorus;

Te Prophetarum laudabilis numerus;

Te Martyrum candidatus laudat exercitus.

Te, per orbem terrarum, sancta confitetur Ecclesia.

Patrem immensæ majestatis;

Venerandum tuum verum et unicum Filium,

Sanctum quoque Paracletum Spiritum.

Tu, Rex gloriæ, Christe;

Tu, Patris sempiternus es Filius;

Tu, ad liberandum suscepturus hominem, non horruisti Virginis uterum;

Tu devicto mortis aculeo, aperuisti credentibus regna cœlorum;

Tu ad dexteram Dei sedes, in gloria patris.

Judex crederis esse venturus.

Te ergo, quæsumus, famulis tuis subveni, quos pretioso sanguine redemisti,

Æternâ fac cum Sanctis tuis in gloriâ numerari.

Salvum fac populum tuum, Domine; et benedic hæredi_ tati tuæ.

Et rege eos; et extolle illos usque in æternum.

Per singulos dies, benedicimus te.

Et laudamus nomen tuum in sæculum, et in sæculum sæculi.

Dignare, Domine, die isto, sine peccato nos custodire.

Miserere nostri, Domine; miserere nostri.

Fiat misericordia tua, Domine, super nos quemadmodum speravimus in te.

In te, Domine, speravi: non confundar in æternum.

FINIS.

Digne. — Imprimerie-Librairie VIAL, rue Capitoul, 5.